Finnish
for
Beginners
Kids

...A Beginner Finnish Book, Finnish for
Kids First Words (Finnish For Reading
Knowledge: A Finnish Kids Book)
Volume 1

By

Amyas Andrea

COPYRIGHT NOTICE

Copyright © 2019 by **Amyas Andrea**.

Cover by Eljays Design Concept

Printed in the United States of America

First printing February 2019

Table Of Content

INTRODUCTION

Welcome to this simple English to Finnish kids' books for beginners.

You will agree with me that it is always better to go from the known to the unknown.

Therefore, in this book, you will learn about numbers, colors, shapes, days of the week, parts of the body and more in Finnish language.

Learning Finnish language has never been so easy...just try this simple book out.

Thanks for your interest in this small book. Now go ahead, get a copy for your kid! Enjoy.

Meet Noel/ Tapaa Noel

Hello, my name is Noel/ *Hei, nimeni on Noel.*
I am a boy/ *Olen poika*

I am six years old/ *olen kuusi vuotta vanha*

I love Finnish language/ *Rakastan suomen kieltä*

And I think it is a great idea for you to learn how to speak Finnish too!/ *Ja mielestäni on hyvä idea oppia myös puhumaan suomea!*

So let's learn together / *Opettakaamme siis yhdessä*

Numbers/ **numerot**

Noel : *Let's start with* ***numbers***

Aloitetaan numeroilla

Trace the number below/ Jäljitä alla oleva numero

One   *Yksi*

Trace the number below/ Jäljitä alla oleva numero

Two   *Kaksi*

Trace the number below/ Jäljitä alla oleva numero

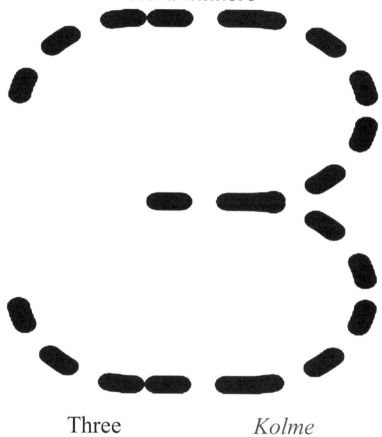

Three   *Kolme*

Trace the number below/ Jäljitä alla oleva numero

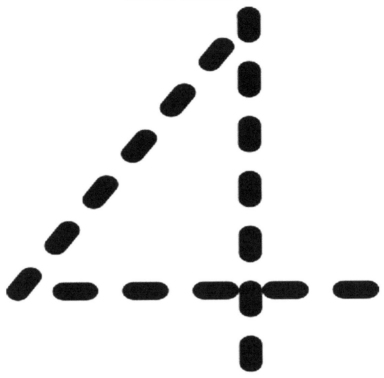

Four   *neljä*

Trace the number below/ Jäljitä alla oleva numero

Five   Viisi

Trace the number below/ Jäljitä alla oleva numero

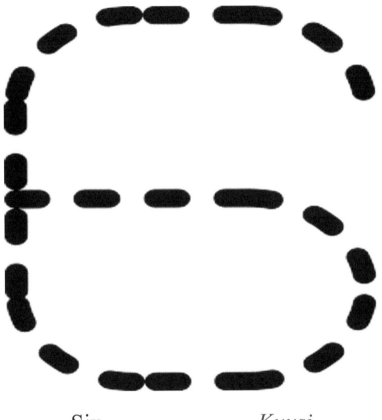

Six   *Kuusi*

Trace the number below/ Jäljitä alla oleva numero

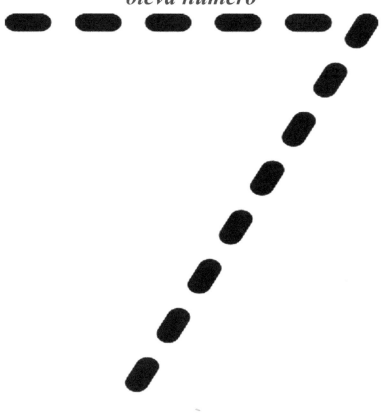

Seven -   *seitsemän*

Trace the number below/Jäljitä alla oleva numero

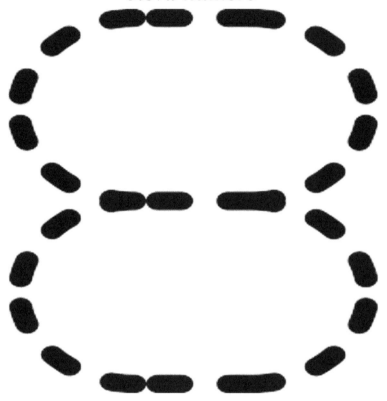

Eight -   *Kahdeksan*

Trace the number below/ Jäljitä alla oleva numero

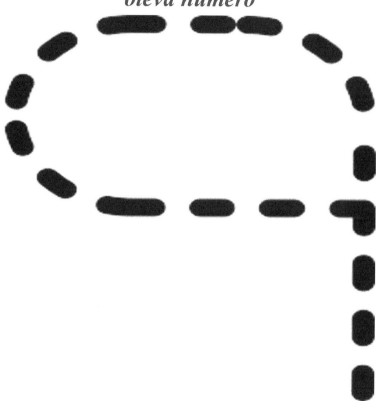

Nine -   *Yhdeksän*

More numbers/ *Lisää numeroita*

Noel: More numbers

Lisää numeroita

Ten	*Kymmenen*
Eleven	*Yksitoista*
Twelve	*Kaksitoista*
Thirteen	*Kolmetoista*
Fourteen	*Neljätoista*
Fifteen	*Viisitoista*
Sixteen	*Kuusitoista*
Seventeen	*Seitsemäntoista*
Eighteen	*Kahdeksantoista*

Nineteen	*Yhdeksäntoista*
Twenty	*Kaksikymmentä*
Twenty-one	Kaksikymmentäyksi
Twenty-two	*Kaksikymmentäkaksi*
Twenty-three	*Kaksikymmentäkolme*
Twenty-four	Kaksikymmentäneljä
Twenty-five	*Kaksikymmentäviisi*
Twenty-six	*Kaksikymmentäkuusi*
Twenty-seven	*Kaksikymmentäseitsemän*
Twenty-eight	*Kaksikymmentäkahdeksan*
Twenty-nine	*Kaksikymmentäyhdeksän*
Thirty	*Kolmekymmentä*
Forty	*Neljäkymmentä*
Fifty	*Viisikymmentä*
Sixty	*Kuusikymmentä*

Seventy	*Seitsemänkymmentä*
Eighty	*Kahdeksankymmentä*
Ninety	*Yhdeksänkymmentä*
Hundred	*Sata*

Shapes/ Muodot

Noel: Let's talk about shapes

Puhutaan muodoista

Square -   *Neliö*

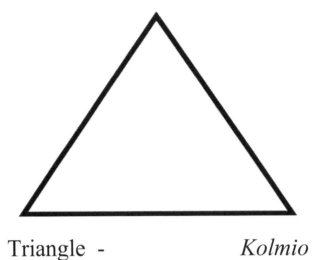

Triangle - *Kolmio*

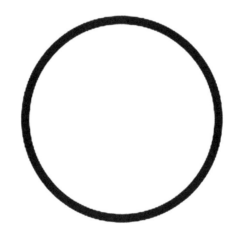

Circle - *Ympyrä*

Rectangle -   *Suorakulmio*

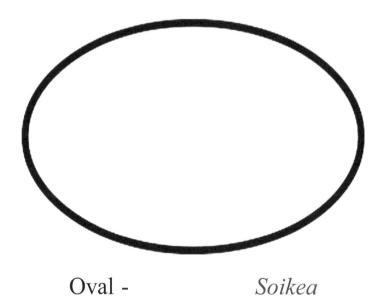

Oval -   *Soikea*

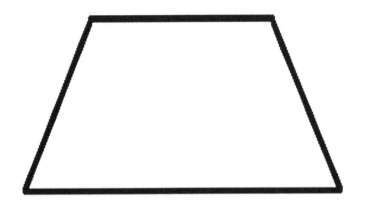

Trapezium - *puolisuunnikkaan*

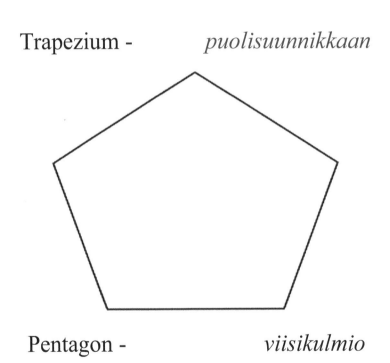

Pentagon - *viisikulmio*

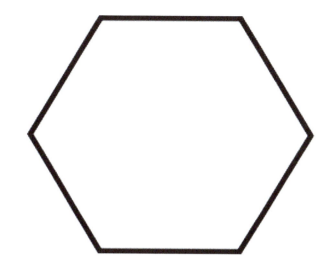

Hexagon -   *Kuusikulmio*

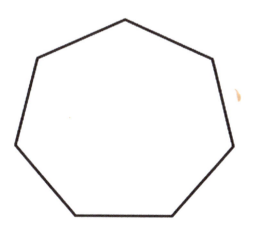

Heptagon -   *seitsenkulmio*

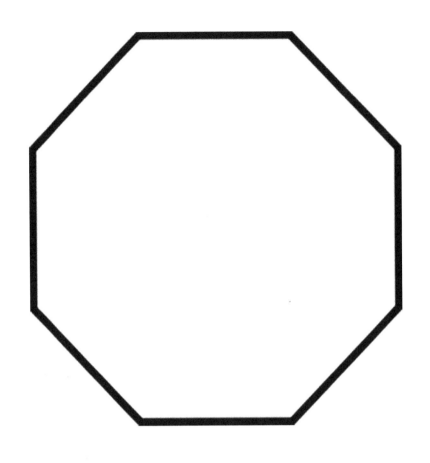

Octagon - *kahdeksankulmio*

Fruits and vegetables /
Hedelmiä ja kasviksia

Orange   *Oranssi*

Apple   *Omena*

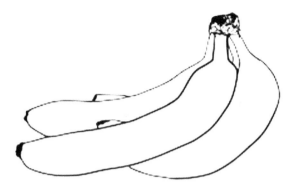

Bananas   banaanit

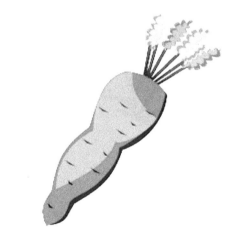

Carrot   *Porkkana*

Cucumber   *Kurkku*

Pineapple   *Ananas*

Lime   *Lime*

Lemon   *Sitruuna*

Grapes   *viinirypäleet*

Pawpaw   papaija

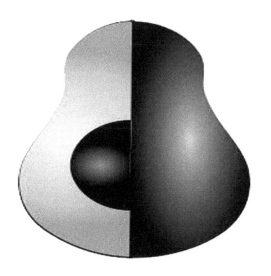

Pear

Päärynä

Mango

Mango

Body parts/ Ruumiinosat

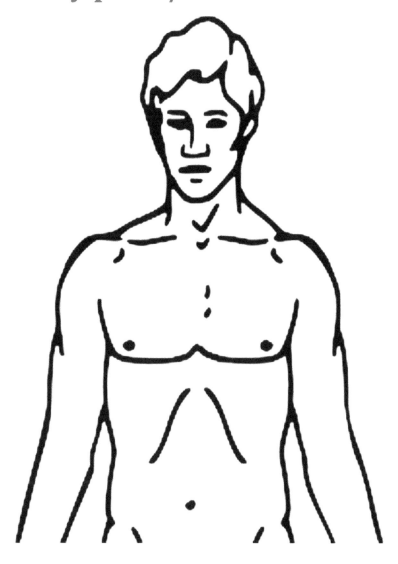

Eyes   *katse*

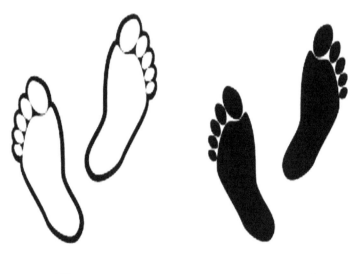

Toes   *varpaat*

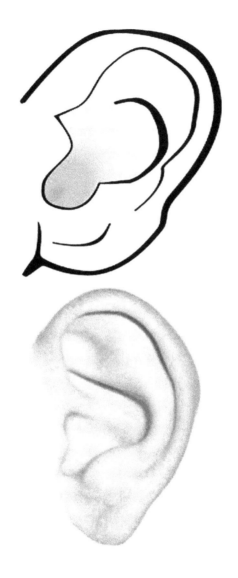

Ears   *korvat*

Teeth

hampaat

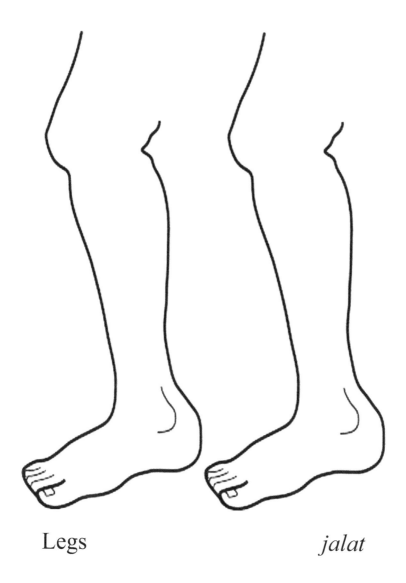

Legs   *jalat*

Hands   *kädet*

Fingers   *sormet*

Nose   *Nenä*

Knees   *Polvi*

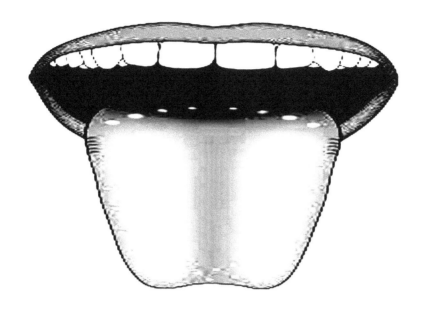

Tongue   *kieli*

Days of the week/ Viikonpäivät

Noel : *Let's look at days of the week*
Katsotaanpa viikonpäiviä

Sunday	*sunnuntai*
Monday	*maanantai*
Tuesday	*tiistai*
Wednesday	*keskiviikko*
Thursday	*torstai*
Friday	*perjantai*
Saturday	*lauantai*

Days we go to school/ **Päivät, joille menemme kouluun**

Noel: *Mondays we go to school -* Maanantaihin menemme kouluun

Tuesdays we go to school - Tiistaisin käymme kouluun

Wednesdays we go to school - Keskiviikkoisin käymme kouluun

Thursdays we go to school - Torstaisin käymme kouluun

Fridays we go to school - Perjantaisin menemme kouluun

Saturdays we stay at home - Lauantaisin pysymme kotona

Sundays we go to church - Sunnuntaisin menemme kirkkoon

Noel: *Mondays to Fridays, we go to school.* - Maanantaista perjantaihin menemme kouluun.

Noel: *Monday to Friday I go to school* - Maanantaista perjantaihin menen kouluun

Saturday I stay at home - Lauantaina pysyn kotona.

Sunday I go to church - Sunnuntaina menen kirkkoon.

Noel: *From Monday to Friday my teacher teaches me Mathematics and English*

Maanantaista perjantaihin opettajani opettaa minulle matematiikkaa ja englantia.

Months Of The Year/ Vuoden Kuukaudet

Noel: *Let's look into the months of the year* Katsotaanpa vuoden kuukausia

Noel: *There are twelve months in a year -* Vuodessa on kaksitoista kuukautta.

Twelve months of the year/
Vuoden kaksitoista kuukautta

January	*tammikuu*
February	*helmikuu*
March	*maaliskuu*
April	huhtikuu
May	*saattaa*
June	*kesäkuu*
July	*heinäkuu*
August	*elokuu*
September	*syyskuu*
October	*lokakuu*
November	*marraskuu*
December	*joulukuu*

Seasons of the year/ **Vuoden vuodenajat**

Noel: *What about Seasons of the year?*

Entä Vuoden vuodenajat?

Seasons of the year/ Vuoden vuodenajat

Spring	*kevät*
Summer	*Kesä*
Autumn	*Syksy*
Winter	*Talvi*

- **Spring** Occurs In The Months of March, April and May.

- **Summer** from June to August.

- **Autumn** is from September, October and November and

- **Winter** is from December to February.

Kevät tapahtuu maaliskuun, huhtikuun ja toukokuun kuukausina

.

Kesä alkaa kesäkuusta elokuuhun.

Syksy on syyskuusta, lokakuusta ja marraskuusta.

Talvi on joulukuusta helmikuuhun.

Colors/ *värit*

Red	*Punainen*
Yellow	*Keltainen*
Blue	*Sininen*
Brown	Ruskea
Pink	*Pinkki*
Orange	*Oranssi*
Black	*Musta*
White	*Valkoinen*
Green	*Vihreä*
Cream	*Kerma*
Gold	*Kulta*
Silver	*Hopea*

Animals/ *Eläimet*

Dog	*Koira*
Rat	*Rotta*
Lion	*Leijona*
Tiger	*Tiikeri*
Hippopotamus	*Virtahepo*
Monkey	*Apina*
Gorilla	*Gorilla*
Lizard	*Lisko*
Cheetah	*Gepardi*
Hyena	*Hyeena*

Other common words/
Muut yleiset sanat

Food	*ruoka*
Bedroom	*Makuuhuone*
Kitchen	*Keittiö*
Bathroom	*Kylpyhuone*
Backyard	*Takapiha*
Park	*Pysäköidä*
School	*Koulu*
Beach	*Ranta*
Supermarket	*Super-markkinat*
Farm	*Maatila*

CPSIA information can be obtained
at www.ICGtesting.com
Printed in the USA
BVHW041318011221
623011BV00017B/239